www.tredition.de

AF185841

Bernd-Peter Liegener

Jüngst

Nichtige Gedichte

www.tredition.de

© 2016 Bernd-Peter Liegener

Verlag: tredition GmbH, Hamburg

ISBN
Paperback: 978-3-7345-1209-4
Hardcover: 978-3-7345-1210-0

Printed in Germany

Wem widme ich den kleinen Band,
frisch gedruckt in meiner Hand?
Mechthild, dir, weil du zumeist
auch Nichtiges zu schätzen weißt.

nach Catulls „cui dono"

Auftakt

Jüngst, es war kurz vor Silvester,
das neue Jahr stand vor dem Tor,
da nahm ich mir in allerbester
Vorsatzlaune etwas vor.

Nicht, mich mit allen jetzt zu vertragen,
nicht, stets den richtigen Ton anzuschlagen,
nicht, keine peinlichen Fragen zu fragen,
nicht, nur noch kluge Dinge zu sagen.

Nein, all die täglichen Gedanken
beim Träumen und Spazierengeh´n,
die sich um Kleinigkeiten ranken,
festzuhalten - nun, mal seh´n:

gelingt es mir,
bring´ ich sie hier
zu Papier...

...unterwegs...

Neujahr

Als ich jüngst, um zu begrüßen
den ersten Tag im neuen Jahr,
spazier'n ging auf durchtanzten Füßen,
war von vornherein mir klar,

dass halt in der Silvesternacht
getobt wie immer manche Schlacht.
Es hatte gekracht, man hatte gelacht,
den Dreck hat keiner weggemacht.

So bahnt' ich mir durch manchen Berg
von abgebranntem Feuerwerk
vom süßen Sekte und vom herben
den Flaschen und von deren Scherben,

den Weg
und in der Luft
lag als Beleg
noch Böllerduft.

Die bösen Geister warn vertrieben
allein der Müll zurück geblieben.

Und ich, nun aller Geister bar
hoffte nur, dass dies Symbol
von Knallsucht und von Alkohol
kein wirklich schlechtes Omen war -

dass dreck´ge Zeiten könnten kommen,
weil mit den bösen auch die frommen
Geister sich verzogen hätten.

Ich schloss die Augen - durch die Nase
zog frischer Wind, nicht Pulvergase.
Es roch nach Geistern, und zwar netten.

Da also Schlechtes war geblieben,
das Gute auch nicht ausgetrieben,
schloss ich nach diesem Neujahrsfest,
dass Geist sich nicht vertreiben lässt.

~

Pfütze

Als ich jüngst spazieren war,
einfach so, zum mich Erholen,
ohne Weib und Kinderschar
auf Denker- und auf Dichtersohlen,

da lag in meiner Schritte Bahn
ein Pfützchen, wie ich hofft´ vom Regen.
Und im Kindheitsglückeswahn
sprang ich da ´rein, des Spritzens wegen.

Es machte Platsch und angemessen
strahlte kindlich mein Gesicht.
Nur eines hatte ich vergessen:
die Dichtersohle war nicht dicht!

So latscht´ ich heim mit nassen Socken
und griff mir zögernd hinters Ohr.
Bin ich denn wirklich dort schon trocken?
Wie oft kommt mir das anders vor!

~

Springbrunnen

Jüngst saß´ ich auf des Brunnens Rand,
den Blick dem Wasser zugewandt,
das da sprudelnd flog und spritzte
und funkelnd in der Sonne blitzte.

Ich dacht´, sind wir nicht irgendwie
alle solchen Treibens Teile,
Wassertropfen so wie die,
die ich betrachte eine Weile?

Wir werden in die Welt geschossen,
entwickeln uns und fallen wieder
schließlich in das Becken nieder.
Oben Bleiben ausgeschlossen!

Etwas Wasser kann sich gar nicht
lösen von der Düse Rand -
solche Menschen hab´n die Aussicht
des wahren Lebens nie gekannt.

Manch Tropfen löst sich früh vom Strahle
und fällt auch eher in die Schale;
und wer nur leicht vom Strom abweicht,
hat bald sein Lebensglück erreicht.

Wer außen fliegt, sieht Andres anders
und sieht für Andre anders aus,
er schwebt im ruh´gen Schritt des Wand´rers
auf seiner eig´nen Bahn nach Haus.

Auf dem Weg zur Wasserkrone
fall´n leider auch manch armem Tropf
andre Tropfen auf den Kopf.
Ein Unfall halt - es geht nicht ohne.

Am höchsten kommt, wer in den Massen
mittig eilig aufwärts strebt,
doch wer sich darauf eingelassen,
hat beim Aufstieg kaum gelebt.

Ein paar nur werden sein wie Sterne,
die über allen Wassern steh´n
mit schönstem Ausblick in die Ferne -
bewundert und schön anzuseh´n.

Doch auch sie zieht´s schließlich wieder
ins Becken nieder.

Es wurde später, noch nicht dunkel,
es schaltet´ sich der Brunnen ab,
es fiel mit letztem Aufgefunkel
der Wasserrest ins Grab hinab.

Nun hoff´ ich nur, dass der Verwalter
der Menschheitsfontäne,
für den ich Gott wähne,

jenen Schalter,
weil die Zeit so vorgerückt,
nicht drückt...

~

Notdurft

Als ich jüngst mal dringend musste,
war weit und breit kein Klo in Sicht
und das, obwohl ich sicher wusste:
viel länger halten kann ich's nicht!

Wär' ich spaziert im Walde nur,
hätt' ich am Baum in der Natur...
Doch in der Stadt bei Tageslicht
tut man so was einfach nicht.

Ich dachte schon an eine Brücke,
unter der man ungesehen...
da sah von ferne ich zum Glücke
ein großes Amtsgebäude stehen.

Meine Not war schmerzhaft groß,
und so hoffte ich nun bloß,
dass man an dieser Bürgerstätte
auch eine Toilette hätte.

Es gab ´nen Abtritt, ich trat aus,
und wundert´ mich erleichtert dann,
kaum war ich aus dem Rathaus raus,
wie gut ein Gang zum Amt tun kann.

~

Jongleur

Jüngst sah ich jemanden jonglieren,
erst mit drei Bäll´n, dann mit vieren.
Es wurden langsam immer mehr,
sie zu zählen fiel bald schwer.

Wie rotierende Planeten
umkreisten sie den Ballkineten.
Von Hand zu Hand ließ er sie wandern,
keine Laufbahn glich der andern.

Ich staunte, wie ein einz´ger Mann
so einen Kosmos schaffen kann;
dass er den Überblick behält
und kein Ball herunter fällt.

Doch - kaum hatt´ ich das gedacht,
hat irgendjemand laut gelacht.
Der Artist war abgelenkt,
und viel schneller, als man denkt

geriet das ganze bunte, tolle
Ballsystem aus der Kontrolle.
Weshalb, nicht in der Bahn gehalten,
Bälle auf den Boden knallten.

Ich hoff´, dass das nicht dem passiert,
der mit uns´rer Welt jongliert.
Doch um ja nichts falsch zu machen,
werd´ ich von nun an leise lachen.

~

Rund

Eine Mistel sah ich jüngst auf einem Baum.
Ein kugliges Gewächs, viel grüner, als des Baumes Blätter,
doch störte dieser sich an seinem Gaste kaum -
er gab ihr Wasser, gab ihr Schutz vor Wind und Wetter.

Die Mistel konnt´ sich frei im Baum entfalten,
kein bisschen Druck von außen wirkte auf sie ein,
sie musste sich an keine Regel halten -
wie schön muss ungehemmtes Wachstum sein.

Ohne Kenntnis einer Norm,
von außen ohne irgendeinen Zwang,
entschloss sie sich zur Kugelform,
was ihr wunderbar gelang.

Der ganze Erdenball,
all das, was auf ihm wächst, wächst rund -
es scheint auf jeden Fall:
sowas ist gesund.

Und mein Bauch
in Folge der Natur
tut das auch -
soll er nur!
~

Flugzeug

Jüngst sah ich ein Flugzeug fliegen
mitten quer durchs Himmelszelt
und versucht´ ins Hirn zu kriegen,
warum´s nicht einfach ´runterfällt.

Es gelang mir auszuklügeln,
dass, wenn das Tempo hoch genug,
Luftstrom über krummen Flügeln
so ein Monstrum hält im Flug,
wenn - die Regel kannte ich -
der Auftrieb dem Gewicht entspricht.

Doch eigentlich
glaub´ ich´s nicht...

~

Sternschnuppe

Jüngst blickte ich des Nachts zum Himmel,
betrachtete das Sterngewimmel
und freute mich der klaren Nacht,
die all die Funkler sichtbar macht.

Erst sucht´ ich noch den Großen Wagen,
dann schaute ich mit Wohlbehagen
von hier, von unserer kleinen Welt
aufs All, das diese Welt enthält.

Da kam ein Schnüppchen angeflogen.
Ich dacht´ mir, jemand schmeißt von oben
´nen Gedanken in die Welt,
der leider gleich zu Staub zerfällt.

Ich fühlte aber ziemlich klar,
dass da ein Schnuppenschmeißer war,
der mir etwas Gutes wollte.
Dass dies ein Zeichen wohl sein sollte.

Wofür, das wusst´ ich nicht zu sagen,
und leider konnt´ ich ihn schlecht fragen,
worauf die Schnuppe sich bezogen,
die dort war herabgeflogen.

Konnt´ ich die Schnuppe nicht verstehen,
so wollte ich´s als Zeichen sehen,
dass letztlich alles schnuppe ist,
solange Du da oben bist -

mein ganz schön stummer Wegbegleiter!
Ich seufzte und sternschaute weiter.

~

Ampel

Als jüngst ich an der Ampel stand,
vom Rotlicht an den Ort gebannt,
wo jäh der Schritte flotter Lauf
gebremst durchs Rot mit Männchen drauf,
da nörgelte ich vor mich hin,
weil ich ungeduldig bin.

Statt zu warten ganz gelassen,
fing ich an, dies Licht zu hassen,
das mich am Gehen hindern wollte
und, weil ich das tat, was man sollte,
auch konnte.

So sonnte
sich der miese Ampelwicht
im roten Licht.
Wie gerne wollt´ ich weiter gehen -
ein Auto war ja nicht zu sehen.

Und während ich im Geist schon lange
über diese Straße rannte,
stand ich - zum Rechtsbruch wohl zu bange -
weiter an der Bordsteinkante.

Die Ampel ist doch so gedacht,
dass sie das Queren leichter macht!

Mich zu schützen,
mir zu nützen,
das ist doch der Lichter Sinn!
Und nur, weil ich so folgsam bin,
gehorchte ich jetzt grade ihnen,
die doch da sind, mir zu dienen.

Vielleicht ist´s dienlich, sagt´ ich mir,
mal Halt zu machen da und hier.
Die Zeit, die ich hier steh´n geblieben,
hatt´ ich mit Denken mir vertrieben.
So ging ich, als es grün wurd´, heiter
bis zur nächsten Ampel weiter.

~

Laterne

Jüngst, im leichten Nieselregen
- ich nahm ihn wohlbemützt kaum wahr -
ging abends ich auf dunklen Wegen,
die trübe Luft roch frisch und klar.

Um die Dunkelheit zu mindern,
war´n Laternen aufgestellt -
um am Fehltritt mich zu hindern,
hab´n sie meinen Weg erhellt.

Rings um jedes Straßenlicht
sah ich feine Tröpfchen wehen,
woanders ließ mich meine Sicht
kein bisschen von dem Regen sehen.

Wenn nur wahr wär, was wir sehen,
müsst ich jetzt im Trocknen steh´n
und so glaubt´ ich zu verstehen,
dass es was gibt, was wir nicht seh´n.

Auch unsres Denkens klares Licht
kann nicht alles uns erhellen.
Warum sollten wir dann nicht
den Glauben neben´s Denken stellen?

~

...saisonales...

Weiß

Jüngst kam ich im tiefen Winter
an ´nem verschneiten Park vorbei

und ich sah, mit Spur´n dahinter
ein Schild, das sagte, dass hier sei
der Tritt auf Grünflächen verboten.

Dennoch war da wer lang gerannt.

Da hatten pfiff´ge Farbidioten
als Grün das Weiß wohl nicht erkannt.

~

Kälte

Jüngst, es war im tiefen Winter,
als draußen Stein und Knochen fror,
lockte meine Frau mich hinter
meinem Kachelofen vor.

Ich hielt es zwar für recht bescheuert,
bei dieser Kälte raus zu geh´n,
doch hab ich trotzdem ihr beteuert,
dass ich mich nach nichts and´rem sehn´.

Schon trat ich, wärmstens angezogen
in die eiseskalte Luft
und fragt´ mich, warum ich gelogen,
oh, ich heuchlerischer Schuft!

Die Sonne schien, die Luft war klar -
alles war so wunderbar!
Nur dass der schneidend kalte Wind
und meine Nase Feinde sind.

Bin sonst ein guter Unterhalter,
doch stellte ich jetzt fest, mit kalter,
gelähmter Zunge spricht sich's schlecht;
mit zugefror´nem Mund erst recht!

Hinter Lippen, tauben, blauen,
hört´ ich Zahn auf Zähne hauen.

Die Nasenlöcher schalumschlungen
fiepten trotzdem meine Lungen.
Die Luftwege verkrampften sich
bei dieser Kälte fürchterlich.

Es zitterten die starren Hände,
die Kälte fuhr mir in die Lende.
Weil kalte Muskeln schnell verkleben,
konnt´ ich kaum die Beine heben.

Durch dieses kälteste der Wetter
zog ich hoch die Schulterblätter.
Mein Nacken war ein einz´ger Krampf;
aus meinem Mund stieg weißer Dampf,

der in der Luft zu Eis gefror
und als Kristall dann nieder fiel.
Sowas kommt nur selten vor,
doch ich sah davon nicht viel.

Denn, das muss ich noch erwähnen,
vom Wind stand mir das Aug´ voll Tränen.
Und Tränen aus Eis,
wie jeder weiß,
trüben die Sicht -
drum sah´ ich's nicht.

Zwischen meinen roten Ohren
war der Liquor eingefroren.

In totengleiche Starre sanken
meine Gedanken.

Die Kälte machte mich benommen;
ich weiß nicht, wie ich heimgekommen.

Zu Haus sagt´ meine Frau und lacht´,
dass der Spaziergang Spaß gemacht.

Ich hätte ihr mit viel Vergnügen
die Winterwirkungen beschrieben.
Auch wenn - dafür müsst´ sie mich rügen -
ich hätte etwas übertrieben.

Und wenn auf meiner Ofenbank,
auf die ich aufgetaut nun sank,
die Langeweile würd´ zu groß,
ging´ sie gern´ nochmal mit mir los.

Ich sagt´, wie gern ich raus jetzt ginge.
Das wär das größte aller Dinge!
Es hindert´ mich nur
die Temperatur...

~

Osterglocken

Jüngst stand auf uns´rem Fastentisch
´ne Vase voller Osterglocken.
Sie blühten gelb und frühlingsfrisch
nur draußen fielen weiße Flocken.

Das Jahr war wohl noch nicht so weit:
Schneeglöckchen konnt´ man blühen sehen,
doch war´s noch nicht die rechte Zeit
für Krokusse um aufzugehen.

So blieb es draußen schwarz-weiß-grau,
nur hier drinnen blüht´ das Leben.
Wenn´s Winter bleiben will - genau!
Dann kauf´ ich mir das Frühjahr eben!

Von nun an gab es jeden Tag
bunte Blumen aller Arten,
weil der Frühling Farbe mag -
die Wohnung wurd´ zum Blumengarten.

Nun hoff´ ich, dass zu dem von innen
das äuß´re Frühjahr sich gesellt.
Es sollt´ sich möglichst bald besinnen,
denn solch ein Winter geht ins Geld!

~

Knospe

Ich ging jüngst nach ´nem Regenguss im Park,
es hatte grad´ erst aufgehört zu gießen,
die Sonne frühlingte schon wieder stark;
da sah ich eine Rosenknospe sprießen.

Die Knospe schien zum Platzen angespannt,
sie wollt´- und wollt´ auch nicht - die Blätter zeigen;
ihr Potential hatt´ sie wohl schon erkannt,
die Rosenkraft, die ihr bald wär´ zu eigen.

Der Weg zur vollen Blüte war noch weit,
doch wollte sie den Weg auch voll erleben.
So ließ sie sich mit dem Erblühen Zeit -
wir Menschen sollten auch die Zeit uns geben.

Sich zu entwickeln ist das wahre Ziel,
denn nach der Blüte kommt nicht mehr sehr viel.

~

Hitze

Jüngst saß ich in der Mittagshitze
an meinem Schreibtisch, wo ich sitze,
wenn ich was tun will, oder muss
und dachte mir voll Hochgenuss,
wie schön es ist, zu Haus zu sein.

Ich musste nicht zum See ´rausfahren,
wo jetzt die Drückeberger waren -
dort war es sicher viel zu voll.
Ich würd was schaffen, wie ich´s soll.
Die Arbeit macht sich nicht allein!

So saß ich und versucht´ zu denken,
mich vom Gedanken abzulenken,
wie schön es jetzt da draußen war:
der Sommer war so wunderbar -
die schönen Tage bald vorbei.

Da mir trotz Fuchs-und-Trauben-Spiel
das Konzentrier´n nicht leichter fiel,
kam ich konsequent zum Schluss,
dass Arbeit auch mal warten muss.
Deshalb nahm ich mir hitzefrei.

~

Herbst

Jüngst, an ´nem sonn´gen Herbstestag,
als Laub schon auf den Wegen lag,
genoss ich bei Blauhimmelwetter
das Farbenspiel der bunten Blätter.

Doch nur zu schauen nach den Bäumen,
hieße vieles zu versäumen:
Für viele, wenn ich mich nicht täusch´,
ist das Ich-lauf-durchs-Laub-Geräusch
Erinnerung an Kindertage.

Und ich bin sicher, wenn ich sage:
es fühlt sich noch genau so an -
wer will, hat richtig Spaß daran!

Und, da wir schon mal sind beim Rauschen:
man kann auch nach dem Winde lauschen,
der leise durch die Bäume geht
und die Blätter ´runterweht.

Und diese laubgetränkte Luft
trägt des Herbst´s ganz eig´nen Duft.
So genoss ich diesen Tag,
weil ich Herbst nun einmal mag.

~

Glätte

Als Eis es jüngst geregnet hat,
da wurden Straß´ und Sträßchen glatt.
Die Bürgersteige noch viel glätter,
das allerbeste Hüftbruchwetter!

Am glattesten war es wohl da,
wo ich die Seniorin sah.
Mit Sommerschuh´n und Stöckelstock,
dünnen Nylons, dickem Rock.

Da witterte ich Rutschgefahr -
gefährlichste Gefahr sogar!

Und dachte, oh, ihr alten Leute:
geht nicht raus,
sonst kommt ihr rein
ins Krankenhaus -
das muss nicht sein.
Bitte, bleibt zu Hause heute!

Am wenigsten von all´n Gerüchen
mag ich den nach Knochenbrüchen.

Um keinen Sturz mit anzusehen,
wollt´ ich schnell nach Hause gehen.
Ich dreht´ mich um,
da macht´ es bumm!

Es hatten - winterfest besohlt -
dennoch die Schuh´ mich überholt.
Da lag ich nun, ich junger Tor,
und kam so neunmal-dumm mir vor.

~

Schneeball

Jüngst lief ich durch den weißen Winter
und freute mich wie'n kleines Kind,
und Kindheit steckt wohl auch dahinter,
dass ich Schnee so super find'.

Der Schnee war immer noch am Fallen,
alles war schon tief verschneit;
ich machte daraus einen Ballen,
wie ich's tat zur Jugendzeit.

Und aus amorphen Schneekristallen
wurd', wie man das von früher kennt,
das schönste Spielgerät von allen:
'ne Kugel, die man Schneeball nennt.

Ampeln, Bäume, Schilderwald
wurden Ziel für's Schneegeschoss,
und für jeden Treffer galt:
es machte „Ploff", was ich genoss.

Als ich mich satt geworfen hatte,
schaut' ich auf den letzten Ball:
Er sah aus wie kalte Watte
mit Dell'n und Zipfeln überall.

Ich glättete, ich rieb, ich quetschte
ihn in eine runde Form;
mit jedem Grat, den ich zerdetschte,
entsprach er mehr der Kugelnorm.

Der Schneeball wurde immer fester,
lag immer besser in der Hand -
doch wär's ein Mensch, hätt' ihn sein bester
Freund jetzt wohl nicht mehr erkannt.

Sein Inneres war nun aus Eis,
die Oberfläche glatt poliert -
dies ist wohl der Erziehung Preis,
wenn man auf Perfektion trainiert.

Hätt' ich beim Formen Acht gegeben,
was draus werden will, nicht soll,
wär mein Schneeball nun mal eben
nicht rund, sondern charaktervoll.

Ich warf den harten Ball aus Eis
ganz sanft - ich wollt' ja nichts zerstören -
und er zerbrach am Ziel ganz leis;
ein sattes „Ploff" war nicht zu hören.

~

...im Verkehr...

Autofahren

Als ich jüngst im Auto fuhr,
da hatt´ ich Zeit, war nicht gestresst,
so blieb ich auf der rechten Spur,
wo sich´s leichter trödeln lässt.

Ich rollte ruhig vor mich hin;
nur eine Sache wurmte mich:
im Wagen vor mir saß wer drin,
der bummelte noch mehr als ich.

Ich war vielleicht schon etwas dicht,
als ich nach links hinüberwollte,
wo hupend und mit Aufblendlicht
jemand schneller als er sollte
mir den Weg dorthin blockierte.

Solch ein Verhalten war nicht gut!
Doch was mich noch viel mehr schockierte,
war meine jäh´ entflammte Wut:

Ich wollt´ schon hinterher ihm rasen,
ihm zeigen, dass ich schneller bin,
so hatt´ der Zorn mich aufgeblasen,
mir weggepustet Geist und Sinn.

Zum Glück hab´ ich mich noch gefangen,
und nahm den Fuß vom Gaspedal;
der Raserfalle knapp entgangen!
Wenigstens für dieses Mal.

So oft ich sie seitdem vermieden,
die Schnelligkeits-Eskalation,
dacht´ ich, für den Straßenfrieden
lohnt sich gemächlich Fahren schon.

~

Navigationssystem

Im Auto saß ich jüngst alleine,
und zwar in einer fremden Stadt;
von den Straßen kannt´ ich keine -
wie gut, dass ich ein Navi hatt´!

Früher musste ich mich quälen,
mit dem Stadtplan auf dem Schoß,
welchen Weg sollt´ ich nur wählen,
und warum hupten die denn bloß?

Doch diesmal konnt´ ich ganz gelassen
unangehupt und unfallfrei
vom Finderich mich leiten lassen
und hatte richtig Spaß dabei.

Ach, wie oft weiß ich im Leben
nicht so recht, wo´s lang geh´n soll!
Würd´s dafür auch ein Navi geben,
fänd´ ich das eigentlich ganz toll.

Doch letztlich würd´ ich´s wohl vermeiden,
ich fühlt´ mich viel zu fremdbestimmt
und könnte nicht mehr mitentscheiden,
welchen Lauf mein Leben nimmt.

Nein! Umwege in Kauf zu nehmen,
bereichert mich doch viel zu sehr.
Zudem muss man bei solch Systemen
ein Ziel eingeben - das wird schwer!

~

Stau

Als ich jüngst im Auto rollte,
nähert´ ich mich einem Stau
und ich wusst´ nicht so genau,
ob ich ihn umfahren sollte.

Im Stau ist´s anders als im Leben,
denn da geht es allen gleich
- schnell und langsam, arm und reich -
in einem Stau, da steht man eben.

Auf Tempo-Pseudosozialismus
- für alle gibt´s den gleichen Frust -
hatt´ ich nun aber keine Lust.
Also: Umleitungstourismus!

Da kann man wenigstens was sehen
- am meisten, wenn man sich verfährt -
es ist schon einen Umweg wert,
nicht gestaut im Stress zu stehen.

Und das ist wie im richt´gen Leben:
es geht nicht nur geradeaus.
Mal muss man bei ´ner Abfahrt raus;
es darf auch krumme Wege geben!

Ich hab´ die Landpartie genossen,
so kam ich gut gelaunt ans Ziel
- ein wenig später, doch nicht viel -
die Zeit war wie im Flug verflossen.

~

Bus

Jüngst fuhr ich mal wieder Bus.
Ich tu so was nur, wenn ich muss,
wenn's Auto in der Werkstatt steht
und das Fahrradlicht nicht geht.

Vom Fahrplan unter Druck gesetzt
hatte ich mich abgehetzt.
Erst ging ich, doch dann rannt' ich schnelle
zu des Busses Haltestelle.

Kam pünktlich an auf die Sekunde
hechelnd und mit off'nem Munde
und sah, wie dort ein Bus wegrollte,
der wohl dem Plan voraus sein wollte.

Das war schon ziemlich ärgerlich,
doch - so tröstete ich mich -
es reicht', wenn ich den nächsten nähme,
wenn auch der verfrüht ankäme.

Doch dies' Humantransportgerät
war überfüllt und kam zu spät.
Es hatt' ja jeden aufgenommen,
dem der erste Bus entkommen.

Es war dränglich und es roch
als der Bus der Zeit nach kroch
und an jeder Haltestelle
kam eine neue Menschenwelle.

So kam es, wie es kommen muss,
von hinten kam der nächste Bus;
jetzt würd´s, das war vorauszusehen
natürlich etwas schneller gehen.

Nur hatt´ ich schon mein Ziel erreicht
- auszusteigen war nicht leicht -
ich quetschte mich am Mob vorbei,
sprang schließlich raus, war endlich frei.

Klar, dass ich zu spät ankam,
was man mir nicht übel nahm.
Das Zuhör´n trat an Grolles statt,
weil ich was zu erzählen hatt´.

Zwar schätze ich nicht allzu sehr
den öffentlichen Nahverkehr,
doch, was ich zugeb´, das ist das:
beim Busfahr´n, da erlebt man was!

~

Linksverkehr

Als ich jüngst durch London ging,
gab´s beim Verkehr so´n linkes Ding:
Fast alles war hier one-way-street,
was man so erstmal nicht sieht.
Drum weiß beim Queren man nicht recht,
wohin man schaut, und das ist schlecht!

Das Problem, das kennt man dort
und hat darum an jedem Ort,
wo man die Straße kreuzen soll
- und davon ist die Stadt recht voll -
auf´s Pflaster aufgemalt ´ne Schrift,
die die Blickrichtung betrifft.

Look right, look left kann man da lesen,
und das wär auch gut gewesen,
hätt´ ich im Stand am Gehwegrand
den Blick auf meine Schuh´ gewandt.

Da ich gewohnt von eh´ und je,
dorthin zu schau´n, wohin ich geh´,
geschah es, dass den Blick ich wandte
auf die and´re Bordsteinkante.

Verkehrt ´rum Lesen stört mich nicht,
darum dreht´ ich mein Gesicht
immer nach der falschen Seite -
So ´ne Pleite!

~

Arbeitsweg

Als ich auf dem Weg zur Arbeit
jüngst die Autobahn befuhr,
kam ich auf meine Ausfahrt zu.

Dort fragte ich mich dann, inwieweit
es mir lag in der Natur,
dass ich diese Arbeit tu.

Und ob es nicht viel besser sei,
zu entflieh´n dem Einerlei.
Die Ausfahrt einfach zu verpassen,
man muss sich auch mal treiben lassen.

Auf der Autobahn zu bleiben
- die würd´ mich in die Ferne führen -,
das schien mir plötzlich wünschenswert.

Statt mich beim Ackern aufzureiben,
für Sprit und Autobahngebühren
ins Blau zu fahren unbeschwert.

Ich hatt´s noch nicht recht abgewogen,
da war ich auch schon abgebogen.
Der Arbeitsweg nahm seinen Lauf,
und meine Träume - gab ich auf.

~

...verreist...

Seeurlaub

Jüngst lauscht´ ich blauem Meeresrauschen,
lag in der milden Sonne Schein
und dacht´, ich möcht´ mit mir nicht tauschen,
ich möcht´ nicht ich zu Hause sein.

Dort war ich ein Hektikwesen,
fand nie die Muße aus zu ruh´n -
selbst, wenn die Zeit wär da gewesen,
kam ich nie drauf, mal nichts zu tun.

Hier spürt´ ich meine Haut, die braune
gestreichelt von dem warmen Wind,
dort zog ich mir mit Grummellaune
Klamotten an, die winddicht sind.

Selbst im geschlossenen Gebäude
ist, jedenfalls, was mich betrifft,
für Stimmung und für Lebensfreude
trübes Wetter wie ein Gift.

Ich bin dann doch zurückgekehrt
und sagte mir, ich will probieren
- das ist vielleicht nicht ganz verkehrt -
das Wohlgefühl zu importieren.

Bin ich dann doch nicht so gelassen
in meiner großen, lauten Stadt,
freu´ ich mich, statt den Stress zu hassen,
auf das, was man zu Haus nicht hat.

Die Freude drauf hält mich auf Trab,
bis ich wieder Urlaub hab...

~

Regenbogen

Jüngst stand ich auf einem Berg,
auf den ich auf bepfützten Wegen
und, wo es nötig war, daneben,
durch Regen und durch Blätterwerk

geglitscht, gerutscht, geklettert war.
Die Sonne trocknete mich wieder,
ich sah´ auf ein paar Wolken nieder,
darüber war der Himmel klar.

Da, wo die Wolken weggezogen,
schien die Sonne auf den Regen
und deswegen
gab´s ´nen Regenbogen.

Ich sah´, da ich so gipflig stand
von oben auf´s gewölbte Licht
- dass sowas geht, das wusst´ ich nicht -
und auf das überbogte Land.

Dort unten, dacht´ ich, glauben alle,
dass man dies Regenphänomen
nur von unten könnte seh´n -
ein Irrtum wohl in diesem Falle!

Beschenkt mit dieser neuen Sicht
hab ich den Anblick aufgesogen
- gottgleich auf die Welt von oben -
und gespeichert im Gedicht.

~

Wind

Jüngst wanderte ich durch den Wind -
ich ging an einem Strand entlang,
wo Winde ja recht häufig sind.
Er kam von vorn, drum war mein Gang
nicht ganz so locker wie gewohnt
und meine Haltung frontbetont.

Klar zu denken fiel mir schwer,
der Luftdruck drang in meine Birne
und fegte ratzeputze leer
jede Windung im Gehirne.
Doch fällt´s zu bleiben ziemlich schwer
dauerhaft gedankenleer.

So ließ ich zu die Bilder gerne
von See- und Segelabenteuern,
von Treibenlassen und von Ferne -
ich konnt´ und wollt´ sie gar nicht steuern
Ich war so klein, die Welt so groß,
all meine Sorgen war ich los.

Sie wollten später wiederkommen,
kaum war der Wind aus dem Gesicht,
doch waren sie mir nicht willkommen,
drum erlaubt´ ich´s ihnen nicht.
Den Zweifel, dass so etwas geht,
hat der Wind wohl fortgeweht...

~

Tropfstein

Jüngst war ich tief in einem Berg
in einer Höhle voller Tropfstein,
betrachtete das Meisterwerk -
es schimmerte im bunten Lichtschein.

Meist ist ja eines Daches Sinn,
Nass von oben abzuhalten,
nur dass in dieser Höhle drin
anscheinend andre Regeln galten.

Durch die Decke drangen dicke
Tropfen, mineralbeladen,
fiel´n zu Boden, um im Schlicke
meine Füße dann zu baden.

Über viele Tausend Jahre
zapften sie zu Stalagtiten
und tropften eine wunderbare
Kleckerburg aus Stalagmiten.

Vom Höhlungstropfen spricht ein Wort,
doch dürfte deutlich älter sein
das, was man sieht an diesem Ort:
steter Tropfen baut den Stein.

So formte sich im Tropfenfalle
als Zeichen der Beharrlichkeit
eine ganze Säulenhalle -
der Erbauer hatte Zeit!

Der Bau folgt´ seiner eignen Logik
von Langsamkeit und Selbstbaukraft -
ein Vorbild für die Pädagogik:
Naturerziehungswissenschaft.

Man darf auch mal was durchgeh´n lassen,
manchmal bilden sich dann Stützen,
die tragend Fels- und Bildungsmassen
der Persönlichkeit was nützen.

Gern hätt´ ich weiter schweifen lassen
mein Denken durch den Säulenwald,
doch stand ich immer noch im Nassen
und meine Füße wurden kalt.

So bin ich langsam hochgestiegen
zurück ans helle Tageslicht,
ließ die Höhle unten liegen,
die Gedanken aber nicht.

~

Tauchen

Jüngst - sowas mach´ ich nur selten -
saß ich an einem Swimmingpool.

Lass´ sonst nur Meer und Wellen gelten,
doch dieses Mal fand ich es cool,
mit Drink am Becken ´rumzuliegen
- kein Wind zerfledderte das Buch -
beschirmt kein´n Sonnenbrand zu kriegen.
Kein Sand auf meinem Badetuch!

Ich hatte noch nicht viel gelesen,
da fiel - wie so Erinn´rung´n sind -
mir ein, wie´s erste Mal gewesen
in so ´nem Poole ich als Kind.

Damals sah ich andre Jungen
einmal längs durchs Becken tauchen
und fragt´ mich, was hab´n die für Lungen,
dass sie nie Luft zu holen brauchen.

Ich kam kaum weg vom Beckenrand,
bekam die Angst nicht recht besiegt,
dass, wenn ich Atem nötig fand,
man ihn dort unten halt nicht kriegt.

Doch als der Urlaub ging zu Ende,
schien das unendlich lange her:
ich konnt´ mit Unterwasserwende
zwei Bahnen tauchen und noch mehr.

Das bracht´ mir derzeit die Erkenntnis,
dass manches, was unmöglich scheint,
nur durch unser Unverständnis
so schwer ist, wie man eben meint.

Am Ende der Erinnerung
- vielleicht sollt´ sie ja das bezwecken -
legt´ ich das Buch weg und voll Schwung
sprang ich zum Tauchen in das Becken.

~

Strandlauf

Bin am Strand jüngst lang gelaufen,
so richtig „hopp, hopp", nicht nur gehen,
da sah ich Wind und Wasser raufen,
das war lebendig anzusehen.

Ein ew'ges Kämpfchen führ'n die beiden,
weil keiner siegen will, noch kann.
Doch mag man Sieger auch beneiden -
auf's Gewinnen kommt's nicht an.

Wenn kluge Kinder rangelnd spielen,
kommt's auf den Ausgang gar nicht an.
Nicht bei allen, aber vielen,
ist das, was zählt, der Spaß daran.

Da dacht' ich, während ich hier renne,
will ich auch mal spaßvoll sein
und fügte alles, was ich kenne,
an Sprüngen in mein Laufbild ein.

Die knappe Luft ließ mich schnell wissen,
wo meine engen Grenzen sind
und ließ keuchend mich vermissen,
die Puste, die ich hatt' als Kind.

~

Sonnenuntergang

Ich sah die Sonne jüngst mal untergehen,
genoss den Anblick, der sich mir dort bot
- orang´ne Pracht kurz vor dem Abendrot -
und freute mich, entspannt auf´s Meer zu sehen.

Der Wind, der hatte aufgehört zu wehen,
dort draußen lag fast unbewegt ein Boot,
die Möwen schwiegen so, als sein sie tot.
Die Welt schien nicht mehr weiter sich zu drehen.

Die Zeit, die scheinbar stillstand, hat gemacht,
dass ich mir endlich Zeit nahm, nicht zu denken,
bis doch die Sonne fiel ins Wasser sacht.

Sie schien den Tag im Meere zu versenken,
er wich mit ihr der lauen Sommernacht,
und ich konnt´ heimwärts meine Schritte lenken.

~

Nacht

Jüngst saß ich nachts an einem Strand,
den Blick dem Wasser zugewandt,
betrachtete das weite Meer,
als ob´s für mich allein da wär.

Welche Mühe sich´s doch gab,
all das, was ich an Träumen hab´,
aus der Tiefe ´rauf zu locken,
wo sie sonst verborgen hocken.

Doch kaum oben, war´n sie weg.
Es hatte einfach keinen Zweck,
sie im Bewusstsein festzuhalten.
Und so blieb alles, schien´s beim Alten.

Nur - dass ein Teil vom inn´ren Kinde
gestreift hatt´ meine Großhirnrinde,
hatt´ doch etwas mit mir gemacht:
nämlich, dass nach dieser Nacht

mein Es mich erstmal ließ in Ruh -
es braucht halt Auslauf ab und zu.

~

...tierisch...

Spatzen

Als ich jüngst im Grase lag
an einem Frühlings-Sonnen-Tag,
lief, wo die Wiese zu Ende war
ein Spatzenpaar.

Sie hüpften zu zweit
ganz weit
ganz dicht
vor mein Gesicht,

um in die Ferne dann zu wandern -
immer einer nah am andern.

Wie schön ist es doch anzusehen,
wenn Spatz und Spatz spazieren gehen.

~

Fossa

Jüngst war ich im Raubtierhaus,
wo all die großen Katzen wohnen.
Mit Katzen kenn´ ich mich zwar aus,
doch dacht´ ich mir, es könnt´ sich lohnen,

mal live vor so ´nem Tier zu stehen,
es zu riechen, es zu spüren,
nicht nur im Fernseh´n anzusehen,
was die für ein Leben führen.

Ich war beeindruckt und erschreckt
von Gebrüll und Riesentatzen,
doch hab´ ich auch ein Tier entdeckt,
fast so klein wie uns´re Katzen.

Dieses Schleich- und Katzgetier
langgestreckt und elegant,
verriet ein kleines Schildchen mir,
ist als Fossas wohl bekannt.

Weiter las ich an der Wand,
dass sie auf Madagaskar leben
als größtes Raubtier dort im Land -
sollt´s da keine Menschen geben?

~

Jagdlust

Ich sah jüngst eine kleine Katze,
die jagte auf ´nem großen Platze
einer Taube hinterher.

Dem Vogel fiel es sichtbar schwer,
die Bedrohung ernst zu nehmen
und zur Flucht sich zu bequemen.

Es schlich sich an das Katzentier
konzentriert und ohne Gier.

Das war klug.
Doch als sie sprang und nach ihr fischte,
entwischte
die Beute im Flug.

Die Taube ließ sich wieder nieder
und kämmte lässig ihr Gefieder.
Das Kätzchen schaute zu verdutzt,
wie das Federvieh sich putzt´.

Danach schlich sie sich wieder an,
als hätte sie nur Spaß daran.
Jedoch
noch
übend dacht´ die Katze sich:
wenn ich groß bin, krieg ich dich!

~

Vogelschwarm

Im Schwarm sah ich jüngst Vögel fliegen
auf immer neuen Bahnen,
nicht rund, und doch im Kreis herum;
sie schienen nicht genug zu kriegen,
und ich fragte mich, warum.
Wer mocht´ die Gründe ahnen?

Um Flugmanöver zu trainieren?
Die Formation war toll!
War es nur der Spaß am Fliegen?
Wer weiß bei diesen Flügeltieren
und ihren flotten Himmelsbiegen,
wozu das gut sein soll?

Offensichtlich gab es keinen,
der den Weg bestimmte:
wer hinten war, flog bald voraus.
So ohne Führung sollt´ man meinen,
kommt ein wildes Chaos raus,
was offenbar nicht stimmte.

Könnten nur wir Menschen auch
uns wie ein Schwarm bewegen,
dann gäb´ es keine Politik,
es löst´ sich auf in Schall und Rauch
Streit und kleinliche Kritik -
ich hätte nichts dagegen!

~

Bambusbär

Jüngst im Botanischen Garten
zog es mich ins Tropenhaus.
Einmal aus der Kälte raus
sucht´ ich mir ein Plätzchen aus
zwischen Pflanzen tropischer Arten.

Unter Lianen und Ranken
sah ich einen Bambusstrauch.
Bambus wächst nach altem Brauch
rasant, so also der hier auch.
Da macht´ ich mir meine Gedanken.

Dacht´ an den Bambusbären.
Panda wird er meist genannt,
und es ist ja wohlbekannt,
dass gefährdet sein Bestand.
Drum sollt´ man ihm Nahrung gewähren.

Kaum reicht die Zeit ihm zum Essen,
weil vom Bambus, den er mag,
die Dosis jeden neuen Tag
bei dreißig, vierzig Kilo lag.
den Nährwert kann man vergessen.

Lebt so ein Tier dort ´ne Weile,
schaut der Bambus es sich an,
sieht gefressen sich sodann,
schneller, als er wachsen kann.
Und wächst mit bambischer Eile.

~

Eichhörnchen

Es wär´ nicht schlecht, sagt´ ich mir jüngst,
wenn du dein Glück mal wieder düngst.
Nicht mit Kleeblatt oder Schwein,
nein, ein Eichhorn soll es sein!

Also ging ich zum Spazieren
dorthin, wo ich von den Tieren
ab und zu mal eines sah.

Und natürlich lag es nah,
dass ich nun nach ihnen suchte
- und mein Suchen bald verfluchte.
Wer zu viel sucht, der findet nicht!
Ich kriegte keines zu Gesicht.

Doch später, als mir die Gedanken
im Spazierengeh´n versanken,
hört´ ich ein Knacksen aus ´nem Baum
und sah - nun ja, man glaubt es kaum -
ein Hörnchen durch die Äste springen.

Ab jetzt würd´ alles mir gelingen.
Glücklich ging ich nun zurück,
denn Eichhörnchen, die bringen Glück!

~

...im Sozialkontakt...

Fußballabend

Jüngst, da war ich eingeladen,
im Fernseh'n Fußball anzuschauen.
Um uns'ren Ehen nicht zu schaden,
war'n dabei auch uns're Frauen.

Nun weiß heut' natürlich jeder,
wieviel sie von dem Sport verstehen
und, dass sie mit dem runden Leder
selber auf dem Platze stehen.

Ich selbst versteh' nicht viel von Fußball,
hab' früher gern und schlecht gespielt,
und es war sicher mehr als Zufall,
hab ich mal ein Tor erzielt.

Nun gehört zum Fußball immer
etwas Besserwisserei,
nur hatte ich ja keinen Schimmer
und fühlte mich nicht wohl dabei,

das Schiedsgericht zu kritisieren,
den Stars zu sagen, wie man´s macht -
könnt´ ich dabei doch riskieren,
dass zu Recht frau mich verlacht.

Doch merkt´ ich, kaum war angepfiffen,
dass zu viel Sorgen mich gequält.
Denn sehr schnell hab´ ich begriffen,
dass Fußballwissen gar nicht zählt.

Worum es geht, sind Emotionen,
die man ja schlecht bewerten kann
und soll Gefühl sich richtig lohnen,
mischt man das von Frau und Mann.

Wir hab´n gejubelt, hab´n gelitten,
das Spiel war viel zu schnell vorbei
und fürs nächste möcht´ ich bitten:
Ihr Frau´n, seid wieder mit dabei!

~

Frühstückslaune

Als ich jüngst beim Frühstück saß,
gemütlich, wenn auch früh am Morgen,
ging´s mir so gut, dass ich vergaß,
mich um den Alltagsstress zu sorgen.

So ging ich stress- und sorgenfrei
zur Arbeit, die da vor mir lag
und hatte richtig Spaß dabei,
weil ich gute Laune mag.

Mein Arbeitstag verlief entspannt,
denn, was man tut, das wird auch gut
- so viel hatte ich erkannt -
wenn man sich früh was Gutes tut.

~

Gedränge

Jüngst war ich im Schauspielhaus
und wollte nach dem Schauspiel ´raus.
Da das natürlich jeder wollte,
kam´s zu dem, was nicht sein sollte.

Wenn aus des Theaters Weiten
alle und von allen Seiten
zu einem engen Ausgang geh´n,
kommt´s zum Trichterphänomen.

Man schlendert erst in aller Ruh
auf den fernen Ausgang zu.
Doch, wenn man erst mal steht ´ne Weile,
kommt langsam das Gefühl der Eile.

Weil alle nun zusammenrücken
und Menschen gegen Menschen drücken,
ist jedermann nun plötzlich ohne
die gewohnte Abstandszone.

Das schafft Stress und man gerät
in die Aggressivität.

Auch ich geriet da grade ´rein,
da fiel mir unerwartet ein,
dass das Programm, das ich besessen,
ich auf dem Platze hatt´ vergessen.

Doch im Gedrücke und Gedränge
in der Drängler enger Menge
hing ich fest im dichten Netze
der Menschenmassen-Stromgesetze:

Quer ist schwer,
dagegen - von wegen!

Erst versucht´ ich, steh´n zu bleiben,
dann ließ ich mich doch mittreiben.
Es machte „plopp" und ich war frei,
nur mein Programm war nicht dabei.

Das hat mich nicht zu sehr gegrämt,
vielmehr hab ich mich geschämt,
dass ich geraten wie wir alle
in die Schnell-nach-draußen-Falle.

Hier draußen, aus dem Stau befreit,
hatten alle wieder Zeit.
Man schlenderte, blieb plaudernd stehen,
um dann in Ruhe weg zu gehen.

Das nächste Mal, so plan´ ich nun,
werde ich was andres tun:

Wenn alle Richtung Ausgang eilen,
werd´ ich an meinem Platz verweilen,
im Kopf das Stück noch einmal sehen
und dann als letzter langsam gehen.

~

Zwiebeln

Jüngst habe Zwiebeln ich gegessen,
viel zu viel für einen Tag.
Der Appetit ließ mich vergessen,
dass mein Darm das gar nicht mag.

In Folge blähten sich dann beide
hohlen Schlingeneingeweide:
der dünne und der dicke Darm.
Dies bereitete mir Harm!

Der Abend kam und mit ihm Gäste
zu einem Feste.
Da ich von Schmerz und Gasen voll,
gastgeberte ich nicht so toll.

Ich spürt´ die fiesen Schalenknollen
durch meine inn´ren Windung´n tollen.
die Hosen wurden immer enger -
oh, wär mein Gürtel doch nur länger!

Bis schließlich meinen Innereien
es gelang, sich zu befreien.
Und dies gewisser Weise
gar nicht leise.

Nun ging's mir gut, den ander'n nicht,
die Farbe wich aus manch Gesicht.
Aus meinem aber eher nicht.

Nach dieser Wind-Herauslass-Wende
nahm der Abend schnell sein Ende…

Böt' mir heut' wer Zwiebeln an,
schlüg mein Bauchgehirn Alarm.
Denn meine Augen, fürcht' ich dann,
wär'n wieder größer, als der Darm.

~

Kassenschlange

Im Supermarkt fiel mir jüngst ein,
dass, wenn es zur Kasse geht,
ich stets das Pech hab´ dort zu sein,
wo man am längsten steht und steht.

Doch diesmal hab´ ich mit Bedacht
betrachtet jede Kassenschlange:

An dieser dort, hab´ ich gedacht,
dauert es dreimal so lange.

In jener dort steh´n ält´re Damen,
die zahlen wollen centgenau
um dann im Geldbeutel zu kramen,
anstatt zu trau´n der Kassenfrau.

Da drüben der wirkt so perfekt
- bestimmt aufs Kartenzahl´n versessen -
und hat, wenn´s Kärtchen erstmal steckt,
die Geheimzahl dann vergessen.

Bleibt nur, mich dort anzustellen,
wo schon so viele andre stehen,
doch in der Schlange, dieser schnellen,
würd´ es trotzdem schneller gehen.

Es ging auch wirklich ziemlich flott
- mein Einkauf lag schon auf dem Band -
als für ein Preisselbeerkompott
der Scanner seinen Preis nicht fand.

Es kam so wie es kommen muss -
der Kassenmensch ging los zu suchen,
um endlich kurz vor Ladenschluss
den Preis per Hand dann einzubuchen.

Das nächste Mal bin ich dann schlauer,
werd´ mir die Kunden nicht besehen,
dafür die Waren viel genauer -
und an der schnellsten Kasse stehen.

~

Zeit

Jüngst schaute ich auf einen Sprung
bei meiner Schwiegermutter rein.
Die Dame ist nicht mehr ganz jung
und lebt seit ein´ger Zeit allein.

Sechs Jahre fehl´n ihr noch zur Hundert,
der Körper macht nicht mehr so mit,
was bei dem Alter keinen wundert -
doch geistig ist sie noch sehr fit!

Wie viel zu oft war ich in Eile,
bracht´ ihr nur schnell etwas vorbei,
doch trotzdem blieb ich eine Weile
bei Keksen und bei Plauderei.

Nach gemütlichen zwei Stunden
- mein Zeitplan war natürlich hin -
fragt´ sie, als ich ein End´ gefunden,
warum ich nur so hektisch bin.

Ich sei doch eben erst gekommen,
nun wolle ich schon wieder geh´n;
hätt´ die Zeit mir nicht genommen,
ein paar Minuten sie zu seh´n.

Ich fürcht´, das ist ein Alterszeichen,
dass, wenn alles langsam geht,
wir weniger pro Zeit erreichen
und sich die Uhr drum schneller dreht.

Jener inn´re Zeitverwalter,
der die Uhr zur Eile treibt,
ist ein Schuft, da mit dem Alter
uns so viel Zeit ja eh´ nicht bleibt.

~

Zauberei

Als ich jüngst am Zaubern war -
ich kann nicht zaubern, ist ja klar,
ich spielte nur Illusionist,
was leider nicht dasselbe ist -

fragt´ wer von den´n, die staunen sollen,
bei einem Trick, ´nem richtig tollen,

ob man dabei denn zittern muss.
Zwar war ich aufgeregt, wie nie,
doch sagt´ ich ja, das sei der Fluss
der allermagischsten Magie.

Das Dumme ist an der Geschichte,
dass ich die Wahrheit nicht berichte.

Das rechte Wort fiel mir nicht ein.
So hab´ ich einfach nur gelacht
und fortgesetzt die Zauberei´n
und doch hat´s allen Spaß gemacht...

~

...zu Hause...

Morgen

Als ich jüngst im Bette lag,
den Arm um meine Frau geschlungen,
fragt´ ich mich, wie oft der Tag
mich schon zum Aufsteh´n hatt´ gezwungen.

Nur, weil es Zeit war, oder hell
hatt´ er mich aus dem Bett getrieben.
Die Zeit läuft sowieso zu schnell,
dacht´ ich mir und ich blieb liegen.

~

Fenster

Als ich jüngst vorm Fenster saß,
betrachtete ich durch das Glas
eine helle
Lichtesquelle.

Das Glas war alt - nicht so wie ich -
und wie Fältchen ließ es mich
viele Streifen Licht erkennen,
die böse Leute Kratzer nennen.

Alle Riefen war´n im Kreise
angeordnet um das Licht,
umrundeten gewisserweise
das betrachtete Objekt.

So ist auch unsre Weltsichtbrille.
Die meisten Kratzer seh´n wir nicht.
Die Auswahl trifft hier nicht der Wille,
unsre Sicht scheint uns perfekt.

Säh´n wir alle unsre Schrammen,
wär die Brille praktisch blind,
drum sollten wir nicht die verdammen,
die nicht der gleichen Ansicht sind.

~

Fieber

Als ich jüngst im Bette saß,
von einem Fieber grad genas,
dacht´ ich, da ich fast genesen,
es sei wohl nicht so schlimm gewesen
und fieberte nun grad deswegen
dem schnellen Fieberend´ entgegen.

Da Fiebern aber Fiebern bleibt,
auch wenn´s die Sehnsucht nur beschreibt,
blieb weiter ich im Bette liegen,
um das Fieber weg zu kriegen.

~

Comic

Als ich jüngst zu Hause saß
und ein Comic-Heftchen las,
fragt´ ich mich, ob es nicht ginge,
dass man alle diese Dinge,
die - der Sprache weit entrückt -
dort in Bildern ausgedrückt,
auch in Worte fassen könnte.

Doch wieviel Zeit ich mir auch gönnte,
es wollt´ mir einfach nicht gelingen,
mein Gehirn dazu zu bringen,
Bild in Schrift zu übertragen.

Man kann mit Worten so viel sagen,
was niemals jemand zeichnen kann.
Doch kommt es eben darauf an,
was wer wem wie sagen will.

Gedankenblasend dacht´ ich still:
Es sagt so oft, was mich betrifft,
ein Bild mehr, als ganz viel Schrift!

~

Wein

Beim Trinken einer Flasche Wein
schlief ich auf der Couch jüngst ein.

Nach kurzem Dösen wachte ich
wieder auf und fragte mich,
ob ich wohl alkoholkrank sei.

Ich schaut´ aufs Glas und dacht´ dabei,
dass ich ´ne ganz besonde´re Gabe,
eine Suchtkampfwaffe habe:

´nen Einschlafschutzschild, der mir nützt
und mich vor Überdosis schützt.

Weil ich in den Schlaf gesunken,
hatt´ ich den Wein nicht ausgetrunken.

~

Krankheit

Jüngst blieb ich ein paar Tag´ zu Hause,
der Arzt riet mir, dass ich dies tät,
nur leider machte mit mir Pause
auch meine Kreativität.

Ich versuchte, was zu schreiben,
doch „was" zu finden, fiel mir schwer,
denn durch das zu-Hause-Bleiben
bekam ich keinen Input mehr.

Drum eilte ich mich zu gesunden,
im Bett hielt ich´s nicht länger aus.
In meiner Wohnung festgebunden -
nein, ich muss ins Leben raus!

~

Farben

Ich ließ mir jüngst einmal bescheinen
von sanfter Sonne das Gesicht -
die Augen zu, und man sollt´ meinen,
geschloss´nen Liedes sieht man nicht.

Doch sieht man viel,
zwar keine Form,
doch Farbenspiel
und zwar enorm!

Zunächst einmal sah ich nur rot,
doch kaum hebt´ ich die Augenbrauen,
als sich ein gelber Anblick bot
meinem formenlosen Schauen.

Wenn ich das Aug´ zusammenkniff,
konnt´ ich lila, purpur sehen,
durch Fingerdruck, wie ich begriff,
schien´s ins Grünliche zu gehen.

Mich hat entzückt
die Farbenpracht,
die mir gedrückt
das Auge bracht´.

Ich suchte noch herauszukriegen,
in der Sonne warmem Schein,
wo sich wann welche Zäpfchen biegen,
da schlief ich auch schon träumend ein.

~

Traum

Jüngst rannte ich in einem Traum
sehr schnell, weil etwas wichtig war,
doch vorwärts kam ich dabei kaum -
das war schon etwas sonderbar.

Und dann war´n da die vielen Leute,
die ich kannte und auch nicht -
eine wilde Menschenmeute
mit unkenntlichem Gesicht.

Ich suchte, ohne rauszukriegen,
was ich suchte und auch wo;
plötzlich konnt´ ich nicht mehr fliegen
und musste unbedingt aufs Klo.

Ich hatte nackt das Haus verlassen,
was mir mehr als peinlich war,
versteckte mich in dunklen Gassen -
zu spät erkannt´ ich die Gefahr.

Da hatte ich mich schon verlaufen.
Hab´ nach ´nem Supermarkt geschaut,
dort wollt´ ich mir ´nen Stadtplan kaufen,
doch hatt´ man mir mein Geld geklaut.

Drum warf man mich in ein Gefängnis,
ich fand in dieser finst´ren Nacht
keinen Weg aus der Bedrängnis -
da bin ich einfach aufgewacht.

Von meinem Traum erwacht soeben
dacht´ ich mir in meinem Bett:
schön wär´s, wenn auch im wachen Leben
diese Möglichkeit ich hätt´!

~

Zeh

Nachts, wenn meistens fehlt das Licht,
ging ich jüngst barfuß, das ist cool,
durch die Wohnung und sah nicht
diesen deplatzierten Stuhl.

Ich traf sein Bein mit meinem Zeh,
das tat weh!

Der Schmerz in meinem Vorfußknochen
wollte raus und hat dabei
die Nachtesstille unterbrochen,
als sich mir entrang ein Schrei.

So hab´ ich meine Frau erschreckt,
aus schönstem Schlummerschlaf erweckt.

Sie tröstete mich armen Wicht
und trug mich halb zurück ins Bett.
Dann fragte sie, warum ich nicht
die Hausschuh angezogen hätt.

Weil meine Frau an alles denkt,
hatt´ nämlich sie mir die geschenkt.

Die Latschen schienen mir so bieder,
hab´ ich im Dunkeln sie erhellt.
Doch von nun ab würd´ ich wieder
werden zum Pantoffelheld.

~

Glück

Jüngst stand ich auf dem Balkone
der kleinen Wohnung, wo ich wohne,
schaut´ über Baum und Dächer hin.
Dies alles kann ich überschauen,
die Aussicht lässt sich nicht verbauen,
ach - wie glücklich ich doch bin!

Mir ging´s schon gut, so wollt´ ich meinen,
da fiel mir ein, da gab´s doch einen,
der auch sich seines Glückes pries.
Er ließ sich von ´nem Freunde sagen,
zu viel Glück schaffe Unbehagen-
dem Freunde, der ihn dann verließ.

Und eh ich noch zu Ende dachte,
kam meine Frau heraus und brachte
mir ein Getränk und einen Kuss.
Vielleicht, so kamen mir Bedenken,
sollt´ ich ja auch den Göttern schenken
etwas, was viel wert sein muss.

Ich dreht´ an meinem Eheringe,
dem liebsten aller meiner Dinge,
Symbol für das, was glücklich macht.
Doch sollt´ es eine Gottheit geben,
die mich beschenkt mit diesem Leben,
tat sie das sicher mit Bedacht.

Hier wendete ich mich nach drinnen
und weiter mit vergnügten Sinnen
betrachtete ich es genau:
Sollt´ das Glück bei mir verweilen,
würde ich es eben teilen.
Und drückte drinnen meine Frau.

Zeitfracht Medien GmbH
Ferdinand-Jühlke-Straße 7
99095 Erfurt, Deutschland
produktsicherheit@kolibri360.de